LA RABIETA DE WENDY

La Fea Burguesía
— POESÍA —

Murcia
2024

LA RABIETA DE WENDY

MARIÁNGELES IBERNÓN VALERO

La editorial es consciente de la necesidad
de los recursos naturales para consumir cultura
y de la colaboración en la conservación del medio ambiente.
Así pues, por la impresión de este libro, ha plantado
una ciprés (*Cupressus*) en el paraje
de El Horno en Cieza (Murcia)

«La rabieta de Wendy»
© María Ángeles Ibernón Valero, 2024
© La Fea Burguesía Ediciones, 2024
Grupo Editorial Tres y Libros, SL
Murcia, España.
www.lafeaburguesia.es

Cubierta: Cristina Morano
Maquetación: Fernando Fernández Villa

Primera edición: septiembre de 2024
IBIC: DCF
ISBN: 978 84 128591 2 6
Depósito legal: MU 887-2024

Printed in Spain - Impreso en España

Índice

A mi sobrina Mariángeles y sus alas libres y azules.
Azul libre de los océanos.

A veces la vida te cambia
y piensas que no podrás seguirla

MARIÁNGELES IBERNÓN,
HIJA DE CONFESIÓN

Una lectura de *La rabieta de Wendy*

Manuel Madrid

Periodista, escritor y jefe del área
de Cultura de LA VERDAD

E l hecho de vivir, posiblemente el más grande e irresuelto interrogante al que nos enfrentamos, genera constantes desafíos que hemos de ir resolviendo como si todo formara parte de un juego. La vida es una sucesión de órdagos. Pero, ¿cuál es el precio de cada derrota o de cada victoria? Es más: ¿Merece la pena arriesgar? Eso debía preguntarse la venerable mística murciana sor Juana de la Encarnación (1672-1715) en las desprovistas celdas del monasterio agustino del Corpus Christi.

Tanto tiempo después parece que Mariángeles Ibernón Valero ha llegado a una conclusión en 'La rabieta de Wendy'. Un poemario que, a modo de confesión, hace patente el deseo de la autora ceheginera de ajustar cuentas consigo misma y con su pasado. En estos versos hay una metamorfosis, un cambio de estrategia vital que trae consigo importantes mudanzas. ¿Cual es la suerte de esta mujer descalza que camina media existencia entre desvelos buscando sus zapatos?

El sino de cada uno es una toma de conciencia: admitir con naturalidad que hemos podido errar o acertar en nuestras apuestas. Aprender es signo de madurez. Esta Wendy es una sierva de su corazón que orquesta de noche y de día un plan para cortar amarraduras. Ay, el amor... Hay veces que nos parecerá que la liberación llega con demasiado retraso. Ningún cautiverio es cómodo. Y hay amores que nos nutren de penas. «Me aferro a tu nombre que, marchito, quedó en la memoria», escribe Mariángeles, hundida en sus cavilaciones, tomando al lector como director de su conciencia.

Este libro que nos ofrece como novedad la editorial murciana La Fea Burguesía nos descubre el peso de la moral en cada individuo, lo difícil que resulta independizarse de viejas usanzas («Todo ha ido encontrando su sitio, no soy una mujer inhabitable»). Y también nos enseña que no hay que perder la esperanza de un mundo mejor para cada uno de nosotros. «La vida tiene dientes que muerden, pero también manos que dan amor». ¡Cuántas Wendys estarán preguntándose hoy por el sentido de sus vidas! Qué bonito es pensar que Mariángeles Ibernón Valero lleva el banderín de guía.

I Parte

Cartas a Peter,
desde las sombras.

Querido Peter:

Sabes que nunca me gustó
la soledad, aunque parte de mi vida
la guardaba en rincones
donde no quisiste llegar.

Sabías de mis miedos, y
que yo
no quise nunca, jamás...

sentir por mis mejillas
mares salados de humedad.

Ahora, mi espalda se bate en duelo
entre sudor maldito
y frío quebrado.

Muere en el cruce donde tus labios,
un día, perforaron mis vestiduras.

Mi eco ya no es voz
en los mares habitados por piratas.
Y en la penumbra de esta cruel soledad,
camino despacio junto a los días,
las horas, los sueños...

Me he tumbado en el frío suelo;
mientras los rayos del sol
me cosquillean los ojos.

Juego a que tú me hablas;
río porque cuentas cosas
que me hacen feliz: lo soy.

Me muero por dentro ante
esta frialdad que penetra por mi espalda
y atraviesa el corazón.

Pobre ilusa.

Ya no me gusta este juego, amado Peter,
que cubre mi rostro de lágrimas.

Qué triste parece todo; las dudas.
Intento poner valor a lo inexplicable
tonteando con la soledad.

Tú no me has querido.
Volaré con el recuerdo
unido siempre a ti.

Muy lentamente
el verano se dejaba ver.

El horizonte lucía su azul más intenso;
cubierto por aquellas olas de espuma
que corrían al compás de los rayos
portadores de un adiós.

...y por momentos,
el cielo se puso de parto:
mezcla de dolor y sangre.

El futuro cambió su rumbo,
como una tempestad sedienta
en el corazón.

Escuché tu voz, pero ya no era
limpia, clara, enamorada...

Y fue cuando en el alma solo,
tan solo yo...sentí dolor.

Desnuda,
junto a las rocas
contemplo pedazos rotos
de mi salada adolescencia.

Querido Peter,
no te reconozco
has amarrado la barca
de mi vida
y ya no navegas
por esta piel de bruma.

Alzas el vuelo
al compás de las gaviotas,
como el susurro
que aguarda
la muerte en un grito.

Olvidaste calmar la sed
en este océano,
eco de la sangre
que aún vive por ti.

Allí,
protegidos, quedaron
nuestros besos;
aquellas horas
donde tendidos
frente al mar
volábamos a ciegas
en el dibujo apasionado
del más puro lienzo:
        nuestro amor.

Abro mis alas y me elevo
al cálido cielo de tu memoria,
al oscuro sentimiento
que habita la razón,
al vacío inflexible de tu mirada
y al susurro eterno
que fue tu voz.

Que tú y yo quisimos ser uno.
De eso, no existe duda:
unidos volamos por océanos
de amargura, hilando sueños,
amarrando vida; quizá,
así, lentamente, fue como murió
nuestro amor.
Un ocaso anunciado.

Existen días
en los cuales la memoria nos engaña,
y todo tiene un tiempo,
y un supremo espacio;
a pesar de que la duda
dense la lluvia de la razón.

Me arrodillo en el lugar
donde la luz desaparece,
y me aferro a tu nombre
que, marchito,
quedó en la memoria.

La noche es inmensa
no tiene apenas luz;
aunque, frágil, camino
por las sombras.
No me reconozco,
tendré que esperar
de nuevo al alba.

El miedo es un ave
que acaba malherida,
máscara fugaz
de siervos del corazón;
el miedo derrama sangre
y no se conforma con palabras,
nos hace creer
que transmite sentimientos,
pero nunca ríe ni llora.

Y al final comprendemos
que el miedo
mira con orgullo a la tristeza,
como soberano absoluto.

Todo desciende,
todo es penumbra.
La noche
gira en torno al sueño,
y se desliza
cuando la sangre fluye
e inunda las heridas.

Quiero viajar esta noche
y llenar el hueco del insomnio
con el dulce alimento
que la luna me ofrece.

Algunos días la niebla
cubre mi cuerpo
de una espesa capa oscura,
entonces mis pies me sacan
del círculo en el que caminan,
y me entregan por senderos rectos
como a una paloma
que se pierde en el tiempo.

Cuando el corazón se desgarra,
aquellos que lo colman de tristeza
no alcanzan el ritmo dulce
de un alma libre.

Cuando el viento pasa
no hay murmullo,
tan solo una canción
que el destino bordó en mi boca
y que aún suena,
más allá del polvo de estrellas.

Desperté;
ya no estabas.
Te llamé, te busqué...
y en silencio, me oculté
en la caída del invierno.

Me rebelo.
Reclamo tiempo muerto
al dolor, las heridas...
ya no quiero caminar descalza
por vías cortadas al vacío
de este cansado tren

que en ocasiones,
la vida nos muestra con horror.

Tengo tu vida cosida a mi piel
como quien tiene la rutina
de una tarde de domingo,
o un traje oscuro colgado
en la habitación de los sueños.

Necesito volver al lugar
que me vio reír,
abandonar un tiempo
que huérfana de luz me dejó,
sin olvidar que soy yo.

II Parte

Good bye, Peter.
Ahí te quedas con Campanilla,
en el País de Nunca Jamás.

Qué triste ha sido abandonar
el País de Nunca Jamás.
Salir despacio, sin mirar atrás;
para que las hadas, los niños,
las sirenas, los recuerdos...
                no me vean llorar.

Querido Peter:
Necesito parar
en medio de tanto ruido,
cerrar los ojos
y dejar que la vida,
invente un rumbo para mí.

Necesito parar
y sentir la sangre,
inhalando bocanadas
de viento blanco.

Necesito cambiar
mil susurros por un aullido,
aquellos que fijaron
una estela en mi soledad.

Y pido a gritos,
al girar de nuevo el mundo,

una lluvia al despertar
que me limpie de desprecios,
invocando del universo
ansias nuevas
en este cielo empedrado.

Todo es complicado, mi amado Peter,
más de lo que crees.

Me quitaste demasiado.

Me niego a guardar la desazón
del tiempo
hasta que sea olvido,
hasta que arda
o sobreviva.

Prefiero que se extinga
entre tenues silencios.

Ya no soy tu Wendy.

Ya no recuerdo como fue
aquel viejo amor de juventud eterna
que me hizo sentir
con los ojos del mar,
y sin pudor, rompió mis alas
en nombre del amor.
                Pobre ilusa.

Abrigada al calor de los brazos
de Garfio
sentí tu infinita lejanía.

Ahora vuelas por mi recuerdo
desordenadamente, entre pájaros negros.

Soy consciente:
en el olvido de tu memoria
me perdí «aquella tarde».
Ahora,
con rumbo fijo,
permanezco en la eternidad
de tu recuerdo.

No sé en que momento fuimos dos extraños, puede que siempre fuera así.
He buscado caminos para llegar hasta ti; encontrarte, recorrerte. A veces, la vida aparece distante; otras, corre hacia puerto seguro, y como el ave Fénix renace si no te pienso.

Regreso al mundo después de un larga caída entre nosotros, mis días florecen, mi poesía resucita, desnudo el tiempo, lo acaricio...

Puede que mañana me mate la nostalgia, pero hoy prefiero vivirme.

Te lo regalo, Campanilla.

Miro al horizonte
y nada espero,
apenas me roza un frágil viento.
Discreta, abro las manos...
                    nada espero.

Hoy nada me extraña.
Todo fue confusión
menos amarte.

Te entregué mis manos
como dos alas libres;
si existieron promesas
no las recuerdo.
Desde que te marchaste,
habita una extraña niebla
en mi memoria.

Existe un daño irreparable;
pero ten bien cierto
que puedo mirar a la tristeza
de frente
cuando pretende dominar
al poderoso tiempo.

Cansada, poco a poco
me fui haciendo mar
hasta llegar a mí.
Todo ha ido encontrando su sitio,
no soy una mujer inhabitable,
pero sí he necesitado buscar
alguna forma de resolverme.

Soy ola libre.
Los gritos de tu mar ya no me hunden
en tu vida,
ahora vuelco mi apasionada juventud
abrazada a ese azul tremendo
que me vive toda.

Contemplo el amanecer
a golpe de palabras.
Hoy he leído tus whatsapps ,
me saben como a un trago de retama
que bebo a sorbos.

¡Qué duro desanclar mis alas
a la rivera de tu alma!

Mi pensamiento se me cae en pedazos,
cuando pienso en la Wendy de ayer.
Ya no soy la niña rosa y blanca
con un mar de tristezas en la mirada,
rota de vida y palabras desgastadas.

Ahora, la soledad me viste de azul,
azul libre de los océanos
y rojo de cereza madura.

Existe una niebla extraña
en el tiempo,
no deseo enlazarme
a ese destino.
Siempre me he querido así.
Y continuo aprendiéndome libre,
de presente total,
de presente absoluto.

Y, sin embargo, pienso,
no dejo de pensar
en ese tiempo;
a pesar de que mis ojos
ya no son heridas.

Imagino las cosas que se irán conmigo,
las que fueron reales y las que no.
Me atrevo a todo, aun sabiendo
que la vida tiene dientes que muerden,
pero también manos que dan amor.

Te quise hasta romper la palabra te quiero.

AGRADECIMIENTOS

A Pepe y Juan Diego, mis tesoros, que por mucho que crezcan siempre serán mis niños.

A mi hermano José Manuel, mi cuñada Mariángeles y mi cuñado Juan Diego por ser parte de mis momentos y permitirme compartir los vuestros.

A mi sobrino José Manuel, porque te quiero.

A Cristina, mi amiga. Desde siempre. Que me regala momentos de paz y tranquilidad, siempre convencida de que, los libros que escribo yo, tienen que ser buenos.

A Geles, que siempre tiene las fuerzas necesarias para empujarme en la parte más espinada del camino.

A mi familia cartagenera, Ángel, Tatu, María Jesús y Ana, por tanto amor como me regaláis y aunque no nos vemos lo suficiente, siempre conseguís que sienta que estuvimos juntos antes de ayer.

Al cielo porque cada vez que miro hacia arriba me siento inevitablemente agradecida por los padres y hermana que me regaló.

A los que os tomáis un ratito para contactar conmigo vía redes sociales, siempre deseando saber de vosotros.

A los que me vais a leer por primera vez y a los que lleváis a mi lado desde el principio.

GRACIAS.

Mariángeles Ibernón Valero
@pompi_burbuja_8

La Fea Burguesía
—— EDICIONES ——

Este libro, *La rabieta de Wendy*,
se acabó de imprimir en septiembre de 2024

COLECCIÓN POESÍA

OTROS TÍTULOS

28. *LA ÚLTIMA NOCHE DE SYLVIA PLATH*
de MARÍA MARTÍNEZ AZORÍN
Rústica con solapas, 72 páginas.
ISBN: 978-84-127605-1-4
PVP: 12,00 €

PALES
TINA EN
EL COR
AZÓN

PASCUAL LÓPEZ
SÁNCHEZ

La Fea Burguesía
POESÍA

OTROS TÍTULOS

30. *HAIKUS AL MAR MENOR*
de VARIOS AUTORES
Rústica con solapas, 214 páginas.
ISBN: 978-84-128591-1-9
PVP: 12,00 €

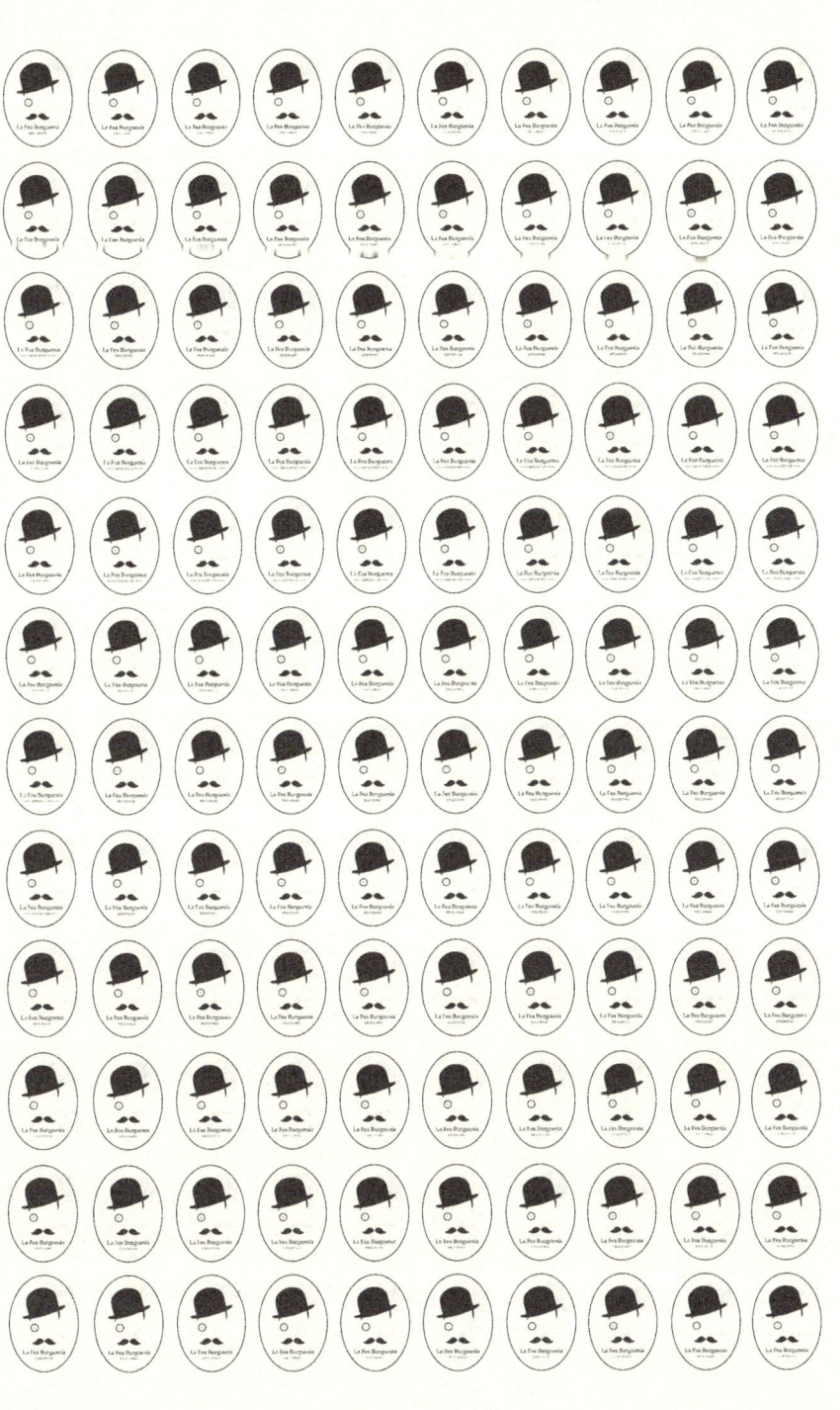

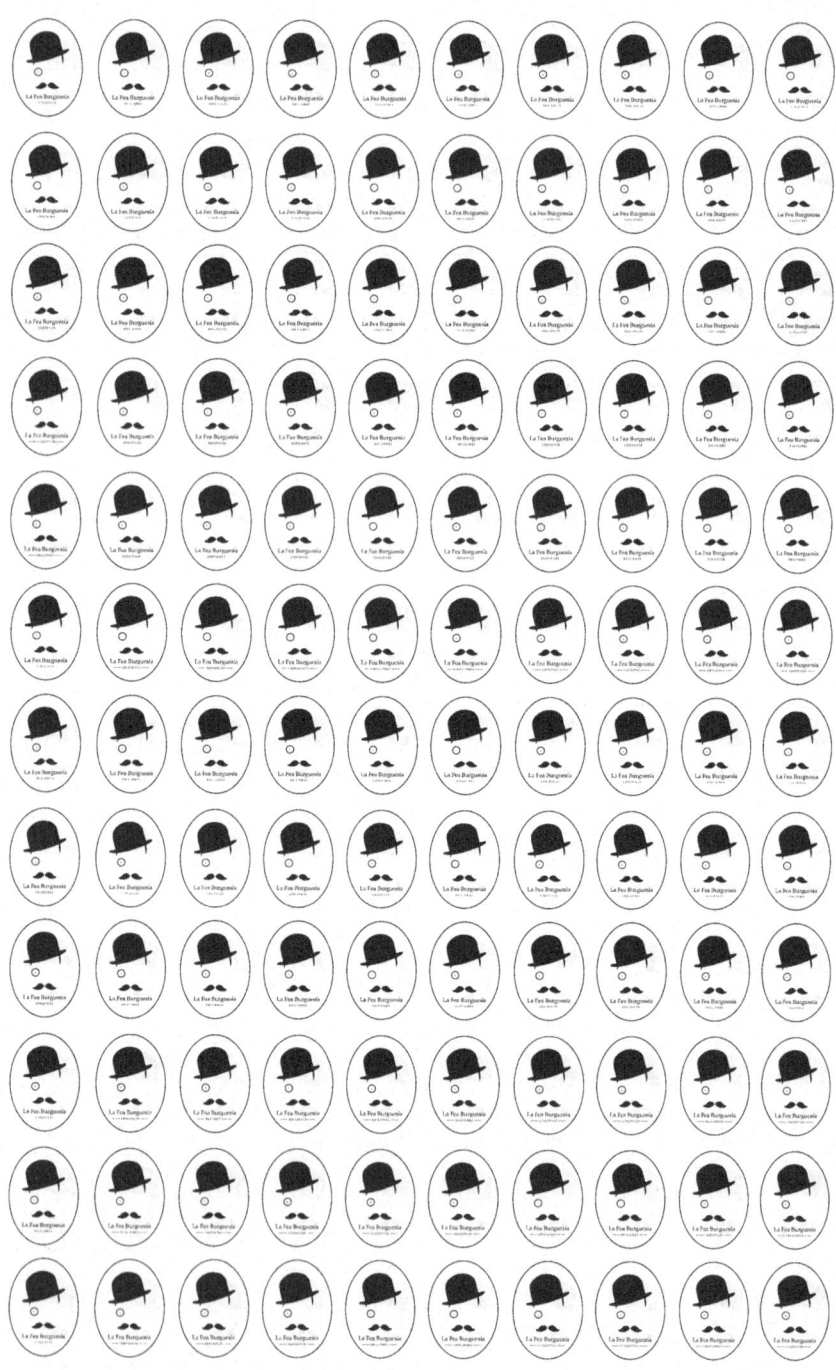